VENTE

DES 20 ET 21 JUIN 1906

MÉDAILLES GRECQUES

D'ITALIE ET DE SICILE

PARIS

1906

MÉDAILLES GRECQUES

D'ITALIE ET DE SICILE

VENTE A L'HOTEL DROUOT

SALLE N° 10

LES 20 ET 21 JUIN 1906

à 2 heures très précises.

COMMISSAIRE-PRISEUR :	EXPERTS :
M. MAURICE DELESTRE	MM. ROLLIN ET FEUARDENT
5, rue St-Georges.	4, rue de Louvois.

Exposition particulière : chez les Experts, les 18 et 19 juin, de 2 à 5 heures.

Exposition publique : à l'Hôtel Drouot, le 20 juin, avant la vente, de 1 à 2 heures.

PARIS

1906

CONDITIONS DE LA VENTE

La Vente sera faite au comptant.

Les Acquéreurs paieront dix pour cent en sus des prix d'adjudication.

Les experts se réservent la faculté de réunir ou de diviser les lots.

Ils se chargent aux conditions habituelles (5 °/o sur le chiffre des adjudications) des commissions qu'on voudra bien leur confier.

MÉDAILLES GRECQUES

ÉTRURIE

1 **Incertaine**. Roue à six rais; globule dans le champ. ℞. Bipenne accostée d'un globule et d'un croissant. — B[6]. Patine verte.

CAMPANIE

2 **Campaniens.** Tête de Minerve (casque athénien). ℞. **AMΓANO**, rétrograde. Taureau androcéphale au pas à dr. — Æ[5]. Rare.

3 **Allifae.** Tête laurée d'Apollon entre trois dauphins. ℞. **AΛΛI-BAN[O]N**. Scylla à dr.; dessous, une coquille. — Æ[2].

4 Autre exempl. ℞. Légende fruste. Scylla tient un poisson et un poulpe.

5 **Cales. CALENO**. Tête laurée d'Apollon à g. ℞. Taureau androcéphale à dr.; au-dessus, une lyre. Γ dans le champ. — B[6]. Patine verte.

6 Tête de Minerve à g. ℞. [C]ALENO. Coq et étoile. — B[4].

7 **Cumes.** Tête de femme, les cheveux ceints d'une bandelette. ℞. **KYMAIO**. Coquille et grain d'orge. — Æ[5].

8 Autre exempl., plus ancien. **KYMAION** rétrograde. — Æ[5].

9 **Fistelia.** Masque de femme. ℞. Lion à g.; serpent en exergue. — Æ[2].

10 Masque imberbe. ℞. *Fistluis* rétrograde en lettres osques. Dauphin, grain d'orge et coquille. — Æ[2].

11 Masque imberbe. ℞. Étoile. — Ꝝ[1]. Rare.

12 **Hyrina.** Tête de Minerve avec une chouette sur le casque. ℞. **YDINA**. Taureau androcéphale à dr. — Ꝝ[5].

13 Variante avec **YDINA** (point sur l'**Y**) rétrograde.

14 **Naples.** Tête de femme. ℞. **NEOΓO**. Taureau androcéphale à dr. — Ꝝ[5]. Ancien style.

15 Tête de femme, une bandelette dans les cheveux. ℞. Taureau androcéphale à g., couronné par une Victoire. Exergue : **NEOΓOΛI** rétrograde. — Ꝝ[5].

16 Tête de femme à dr., coiffée d'un large bandeau ; derrière, **E**. ℞. Taureau androcéphale à dr., couronné par une Victoire au vol. — Ꝝ[5]. Très beau style. *Voir planche I.*

17 Même tête. ℞. le même ; légende barbare en exergue. — Ꝝ[5].

18 Même tête. ℞. Taureau (non androcéphale) à g., couronné par une Victoire. — Ꝝ[5]. Rare.

19 Même tête, le bandeau plus étroit ; derrière, **X**. ℞. Taureau androcéphale à dr., couronné par une Victoire. Sur la barre, **NEOΓOΛITΩN**. Un **Θ** dans le champ. — Ꝝ[5].

20 Même tête, le bandeau brodé. ℞. Taureau androcéphale à g., couronné par une Victoire. En exergue, traces d'une lég. barbare. — Ꝝ[5].

21 Même tête à g., bandeau simple. ℞. Taureau androcéphale à dr. et Victoire ; massue(?) dans le champ. Exergue : **NEO-ΓOΛITHΣ**. — Ꝝ[5].

22 Variante. Sous la tête, **EYT**. ℞. **EΠI** dans le champ, **NEOΠOΛITΩN** en exergue. — Ꝝ[5].

23 Tête de femme à dr. ; dessous, **APTEM**; derrière, un osselet. ℞. Victoire volant à dr. et couronnant le taureau. **ΘE**. Exergue, ...**ΠOΛITΩ**.. — Ꝝ[5].

24 Variante ; canthare derrière la tête ; dessous, **AP**. ℞. le même. **BI**. En exergue, ..**OΠOΛIT**... — Ꝝ[5].

25 Même tête, à g. ; derrière, un épi. ℞. Taureau à dr., couronné

par une Victoire. **IΣ**. Exergue, [N]**ΕΟΠΟΛΙΤΩ**[N]. — Æ^{5}. Drachme.

26 Tête laurée d'Apollon. ℞. **ΝΕΟ...ΩΝ**. Hercule à dr., étreignant le lion ; derrière, la massue. — Æ^{1}.

27 Tête laurée d'Apollon. ℞. Moitié antérieure du taureau androcéphale nageant ; dessous, **ΔΙΟ**. — B^{5}.

28 Même tête ; derrière, un masque (?). ℞. du n° précédent, sans légende. — B^{4}.

29 **ИΕΟΠΟΛΙ...** Même tête, à g. ℞. Moitié du taureau nageant, à g. — B^{2}.

30 **ΝΕΟΓΟΛΙΤΩΝ**. Tête laurée d'Apollon à g. ℞. Taureau et Victoire à dr. **MB** (liés). — B^{4}. Jolie patine.

31 Variante, sans le monogramme.

32 Même tête à g. ; derrière, **ΦΙ**. ℞. Lyre et omphale. Exergue, [N]**ΕΟΠΟΛΙΤΩΝ**. — B^{4}.

33 Même tête à dr. ℞. Buste du Soleil au-dessus du taureau androcéphale. — B^{4}.

34 Même tête à g. ℞. Trépied. — B^{5}. 2 pièces.

35 **Nola**. Tête de femme à dr. ℞. Taureau androcéphale à dr., couronné par une Victoire. Exergue, **ΝΩΛΑΙΟΣ**. — Æ^{5}.

36 **Rome** (attribuée à la Campanie). Double tête imberbe et laurée. ℞. Jupiter et Victoire dans un quadrige. **ROMA** en creux. — Æ^{5}.

37 Autre exemplaire.

38 Tête imberbe coiffée d'un casque phrygien. ℞. **ROMANO**. Victoire attachant une couronne à une palme. — Æ^{4}.

39 Tête de Mercure coiffée du pétase ailé. ℞. **ROMA**. Proue de vaisseau. — B^{4}. Patine vert pâle. Très belle.

40 Tête casquée de Mars à g. ℞. **ROMA**. Buste de cheval bridé. — B^{4}.

41 Buste jeune coiffé d'un bonnet phrygien. ℞. **ROMA**. Chien à dr. — B^{2}. 2 pièces.

42 **Suessa.** ΓROBO[M]. Tête de Mercure à g., coiffée du pétase ailé. ℟. SVESANO. Hercule debout à dr., étreignant le lion; entre ses jambes, une massue. — B4. Belle patine. Très jolie pièce.

43 Autre exempl. avec ΓROBOM. — B5. Patine verte.

44 **Incertaine.** Tête laurée d'Apollon. ℟. MOIΛOV sur un cartouche. Moitié antérieure du taureau androcéphale nageant à dr., une étoile sur l'épaule. — B4. Très beau.

APULIE

45 **Arpi.** Tête laurée de Jupiter à g.; derrière, le foudre. ℟. AΓPA-NΩN. Sanglier et fer de lance. — B5.

46 Taureau cornupète à dr. ΠVΛΛO. ℟. Cheval courant. APΓA-NOY. — B4.

47 Autre exempl., la légende de l'avers fruste.

48 APΓANΩN. Tête laurée de Jupiter à g. ℟. Cheval courant; dessous, un casque. — B4.

49 Tête de Minerve. ℟. APΓAN... Grappe de raisin. B3. — Dauphin. ℟. Cheval courant. B4. — Tête d'Apollon à g. ℟. Cheval courant. — B4. 3 pièces.

50 **Asculum.** Tête d'Hercule jeune à g., la massue sur l'épaule. ℟. AYCKA. Victoire attachant une couronne à une palme. — B4.

51 **Barium.** Tête de Jupiter; deux étoiles. ℟. BAPINΩN. Sur une proue de navire, Amour tirant de l'arc. Dauphin en exergue. — B4. 2 exempl. (*sextans*).

52 Mêmes types et lég. (sans le dauphin). — B3 (*once*).

53 Même tête. ℟. BAPI. Proue et monogramme. — B2. Rare.

54 **Caelia.** Tête de Neptune. ℟. KAIΛINΩN. Minerve à g. — B4 (*sextans*).

55 **Canusium.** Tête virile imberbe, à g. ℟. KANYΣINΩ[N]. Cavalier au galop. — B5. 2 exempl.

56 **.Luceria.** Tête de Minerve et cinq globules. ℞. **LOVCERI** entre les huit rais d'une roue. — B[7] (*quincunx*). Patine verte.

57 Tête d'Hercule jeune et quatre globules. ℞. Même lég. Carquois, massue et arc. — B[6] (*triens*).

58 Tête de Neptune et trois globules. ℞. Même lég. Dauphin et fer de trident. — B[5] (*quadrans*).

59 Tête de Cérès et deux globules. ℞. **[LO]VCERI**· Pétoncle. — B[4] (*sextans*).

60 Tête d'Apollon, un seul globule. ℞. **LOVCERI**· Grenouille. — B[3] (*once*).

61 Tête imberbe casquée. ℞. **LOVCERI**· Deux chevaux courant à dr. — B[2]. *Inédite*.

62 **Neapolis.** Tête de Bacchante. ℞. **NEAΠ**· Grappe de raisin. B[4]. Deux exempl. — **ΓPY**· Cheval courant. B[2]. — 3 pièces.

63 **Rubi.** Tête de Minerve. ℞. **PY**· Épi et corne d'abondance. — Æ[2]. 2 exempl. variés.

64 Tête de Jupiter. ℞. **PYΨ**· Aigle sur le foudre. — B[4]. 3 exempl.

65 Tête virile imberbe laurée. ℞. dans une couronne : **PYΨ**, massue, carquois et arc. — B[3]. 2 exempl.

66 Tête de Jupiter; derrière, **ΓP·CE·E**· ℞. **PY**· Femme debout à g., avec patère et corne d'abondance. — B[3]. 3 exempl.

67 Tête de Minerve. ℞. **PYB[A]**· Victoire à g. — B[1].

68 Même tête. **[PY]BAΣTEINΩN**· Chouette. — B[3].

69 **Salapia.** **ΣAΛAΠINΩN**· Tête d'Apollon. ℞. Cheval courant, trident et **ΠYΛΛOY**· — B[5]. 2 exempl.

70 Même tête. ℞. Cheval courant, étoile et **ϹAΛAΠINΩN**· — B[5].

71 **Teate.** Tête de Minerve. ℞. **TIATI**· Chouette et, en exergue, cinq globules (*quincunx*). — B[7].

72 Mêmes types et lég. (*quadrans*). — B[5].

73 Tête de Neptune. ℞. **TIATI**· Taras sur le dauphin à g. — B[5].

74 **Venusia.** Tête voilée de Junon à g. **VE** liés et trois globules. ℞. Trois étoiles dans trois croissants. — B[6]. 2 exempl. (*quadrans*).

75 Tête de Minerve; deux globules. ℞. **VE** (liés) entre deux dauphins. — B[6].

76 Même tête à g.; deux globules. ℞. **VE**(liés). Chouette sur une palme. — B[4].

CALABRE

76[a] **Azetini.** Aigle éployé sur le foudre. ℞. Épi. — B[3].

77 **Brundusium.** Tête de Neptune. ℞. **BRVN.** Apollon sur un dauphin à g., tenant une lyre et une Victoire. — B[4].

78 Variante; trident à la place de la lyre.

79 Variante; **S** dans le champ.

80 **Gra...** Tête de Jupiter; trois globules. ℞. Deux aigles; **ΓPA** en exergue; **KPH** dans le champ. — B[3].

81 Pétoncle. ℞. **ΓPA**. Aigle sur le foudre. — B[3].

82 **Orra.** Tête imberbe casquée. ℞. **ORRA**. Aigle à dr. — B[3]. Patine verte.

83 **Tarente.** **TARAϟ**. Taras sur un dauphin, à dr., le bras g. étendu, un poulpe à la main dr. Bordure guillochée. ℞. [**TA**]**RA**[**Σ**] rétrograde. Hippocampe à dr. et coquille. Bordure striée. — Æ[5]. Belle. *Voir planche I.*

84 Taras sur le dauphin, le bras dr. avancé; dessous, pétoncle. ℞. Roue à quatre rais avec traces de légende. — Æ[4].

85 **TARAϟ**. Taras sur le dauphin à g., les deux bras avancés; dessous, pétoncle. ℞. Même lég. Le démos, assis à dr., tenant un sceptre et un canthare. — Æ[6].

86 Même sujet, mais à dr. ℞. Dans une couronne de feuilles, le démos assis à g., tenant une quenouille. — Æ[6]. Rare.

87 Même avers. ℞. Femme assise à dr., tenant un sceptre et un canthare. — Æ[6].

88 Taras sur le dauphin à g., une couronne de feuilles à la main dr. avancée. Dans le champ, une crevette. ℞. Le démos assis à g. — Æ[6].

89 Variante.

90 Taras sur le dauphin à g.; dessous, un poisson et les flots de la mer. ℞. Le démos assis à g., tenant à la main g. abaissée un alabastron. — Æ[6], trouée.

91 TARAϤ. Cavalier nu, galopant à g. ℞. Taras à g. sur un dauphin, le bras dr. étendu; dessous, un poulpe. — Æ[6]. Ancien style. Rare. *Voir planche I.*

92 Variante avec TAPANTINΩN au revers (l'*r* et les *n* rétrogrades).

93 Deux cavaliers (les Dioscures ?) galopant à g., l'un vêtu d'une chlamyde et tenant un flambeau. ΦY (liés) et IAΛ... ℞. TAPAΣ. Taras sur le dauphin à g.; attributs : Victoire tenant une couronne et bouclier rond (*épisème* : hippocampe). EY et flots de la mer. — Æ[5]. Belle. *Voir planche I.*

94 Le démos debout à dr., couronnant un cheval monté par un adolescent nu. TAPANTINΩN. ℞. Taras sur le dauphin à dr., tenant un arc et deux flèches. — Æ[5].

95 Var. sans l'ethnique. ℞. Éléphant sous le dauphin. — Æ[5].

96 Guerrier casqué et cuirassé sur un cheval au pas. ⊢HPAKΛHTOΣ. ℞. Taras à g. avec une fleur et une corne d'abondance. Symbole : gouvernail. — Æ[5]. 2 exempl.

97 Stratège à cheval, au pas à dr., couronné par une petite Victoire qui plane dans les airs. KAΛΛIKPATHΣ. ℞. Taras à dr., tenant un trident et une corne d'abondance. — Æ[5].

98 Cavalier casqué à cheval, au pas à dr., armé d'une lance et d'un bouclier rond. AΠOΛΛΩNI... ℞. Taras à g., le trident sur l'épaule et couronné par une Victoire; dans le bas, les flots de la mer. — Æ[5]. 2 exempl.

99 Var. avec une rame sous le dauphin.

100 Sujet semblable, le cavalier armé de deux lances. ℞ du n° 98. — Æ[5].

101 Cavalier coiffé d'un casque à aigrette, galopant à dr., le bras dr. levé et donnant un coup de lance. EY et ΣΩΣTPATOΣ.

℞. ΤΑΡΑΣ. Taras sur un dauphin à g. Ses attributs sont une corne d'abondance (et une figurine de Victoire). Foudre et ΠΟΛΥ dans le champ. — Æ5. Belle. *Voir planche I.*

102 Var. avec ΑΛΕΞ. ℞. Taras à g., tenant un trident et une couronne. — Æ5. 2 exempl.

103 Var. avec ΦΙΝΤΥΛΟΣ· ℞. Taras à g. avec trident et Victoire. — Æ5. 2 exempl.

104 Var. avec ΛΥΚΩΝ· Devant le cheval, Victoire au vol, tenant une couronne. ℞. Taras tient un trident et un canthare. — Æ5. 2 exempl.

105 Cavalier nu, les cheveux hérissés, galopant à dr., le bras dr. levé et frappant de sa lance. ΑΡΙ· ℞. ΤΑΡΑΣ· Taras sur le dauphin, à g.; attributs : une rame et un canthare. ΚΛ et ΕΠΑ dans le champ. — Æ5. Belle. *Voir planche I.*

106 Variante. Taras tient aussi une rame et un canthare.

107 Var. avec ΑΡΙΣΤΟΚΛΗΣ· Un trident et un canthare sont les attributs de Taras. Tête dans le champ du revers. Deux exempl. — Var. avec ΛΥΚΩΝ· Taras a le bras dr. étendu. — 3 pièces.

108 Cavalier nu, galopant à dr., le bras dr. levé et donnant un coup de lance. ΦΙΛΙ· ℞. ΤΑΡΑΣ (en petites lettres). Taras sur le dauphin à g.; attributs : quenouille et dauphin. ΦΙ, feuille de lierre. Dans le bas, les flots de la mer. — Æ5. Très belle. *Voir planche I.*

109 Var. avec ΦΙ· ℞. Taras porte la quenouille sur l'épaule g. ΦΙ et aigle dans le champ. — Æ5. 2 exempl.

110 Var. avec ΣΑ· ℞. Taras à g. avec trident et canthare. — 2 exempl.

111 Var. avec ΗΡΑΚΛ· ℞. ΦΙ· Taras tient une petite Victoire qui le couronne, une lance et un bouclier rond.

112 Var. avec ΑΡΙΣΤΙΠ· Taras, à dr., tient un arc et une flèche. Dans le champ, un éléphant.

113 Var. avec ΑΝ· ℞. Taras à g.; ancre dans le champ.

114 Même cavalier. ℞. ΦΙ· Taras à g. tient un dauphin et une rondache. — Æ5. Fourrée.

115 Même cavalier; lég. fruste. ℞. Taras à dr., le bras g. étendu. — Æ5.

116 Cavalier au galop, le bras dr. tendu en arrière et agitant un fouet. ℞. Taras à g., tenant un canthare. — Æ5.

117 Cavalier au galop, tenant de la main g. les rênes. ℞. Taras à g., le bras dr. étendu. — Æ5.

118 Cavalier nu, au pas, se posant une couronne sur la tête. Sous le cheval, ΙΑΛΟ et un chapiteau ionique. ℞. Taras à g., tenant la quenouille et un aplustre. — Æ5. 2 exempl.

119 Var. sans la quenouille.

120 Victoire couronnant un cavalier nu, dont le cheval marche au pas. ΑΡΙΣΤΕΙΔ. ℞. Taras à g. avec trident et épi. — Æ5. 2 exempl.

121 Victoire à g. couronnant un cavalier qui conduit deux chevaux. ℞. Taras à g., se retournant et plongeant son trident dans la mer pour harponner un poisson. — Æ5 et Æ6. 2 exempl.

122 Cavalier nu, couronnant son cheval qui marche au pas à g. ΑΡΙΣΤΙΑ et ancre. ℞. Taras à g. avec la quenouille et la Victoire. — Æ5.

123 Var. avec ΦΙΛΟΚΡΑ. Taras tient le trident et le canthare. — 3 exempl.

124 Var. avec ΦΙΛΩΤΑΣ. Taras avec la quenouille et le canthare.

125 Var. avec ΛΥΚΙΝΟΣ. Taras brandit le trident. Chouette dans le champ. — 2 exempl.

126 Var. avec ⊢ΑΓΚΑΙ. ℞. Trident et canthare sont les attributs de Taras. — 2 exempl.

127 Var. avec ⊢ΙΣΤΙΑΡ. Taras tient le trident et une figurine de Victoire.

128 Trois variantes sans noms de magistrats. — Æ5.

129 Cavalier nu, à dr., couronnant son cheval qui marche au pas. ΑΓΑΘΑΡΧΟΣ. ℞. Taras à g. avec corne d'abondance et canthare. — Æ5.

130 Var. avec ΑΠΟΛΛΩ et deux amphores. — 2 exempl., beaux.

131 Var. avec **NEYMH** et **ΣΩ**. ℞. **ΠΟΛΥ**. Taras à g. tient un casque phrygien.

132 La même, avec **ΑΡΙΣ** au revers.

133 Var. avec **ΛΕΩΝ**. Taras tient un trident et une grappe de raisin. Symbole : un lion.

134 Var. avec **ΚΡΑΤΙΝΟΣ**. Taras à g. tient un canthare.

135 Var. avec **ΦΙΛΙCΚΟC**. Un canthare est l'attribut de Taras.

136 Var. avec **ΦΙΛΟΚΡΑ** derrière le cavalier. Taras tient un trident et une Victoire. — 2 exempl.

137 Mêmes types, lég. frustes. — 9 pièces variées.

138 Même type, un caducée devant le cheval. ℞. Taras à dr. — AR^5 et AR^6. 2 exempl.

139 Variantes, un masque barbu et une massue sous le cheval. — 3 p.

140 Variante ; le cavalier qui couronne son cheval est, à son tour, couronné par une Victoire au vol. ℞. Taras à g., tenant le trident et le canthare. Colonnette dans le champ. — AR^5.

141 Éphèbe nu, couronnant son cheval qui marche au pas. Dans le champ, **ΣΩΠΥΡΙΩΝ**. ℞. **ΤΑΡΑΣ**. Taras sur le dauphin, à g. ; attributs : corne d'abondance, trident et bouclier rond (*épisème* : hippocampe à g.). — AR^5. Coll. Imhoof-Blumer. Très belle. *Voir planche I.*

142 Cavalier casqué, au pas à g., avec lance et bouclier. ℞. Taras à g., le trident sur l'épaule. — AR^5.

143 Var. **ΑΡΙΣΤΩΝ**. ℞. Taras tient le trident au bras g. et à la main dr. un hippocampe. — 2 exempl.

144 Var., le bouclier plus petit. **ΕΥ** et **ΝΙΚΩΤ**... ℞. Taras à dr. ; dessous, un cheval marin.

145 Cavalier au galop à g., casqué, le corps couvert par un bouclier rond (*épisème*, étoile). **ΑΠΟΛΛΩ**. ℞. Taras à g. tient la quenouille et une grappe de raisin. — AR^5. 5 pièces variées.

146 Variante ; *épisème* : un dauphin à g.

147 Cavalier nu galopant à g., une rondache au bras g. tendu en arrière. — AR5. 3 pièces variées.

148 Cavalier nu, sautant à bas de son cheval qui galope vers la gauche. ℞. Taras à g., tenant un casque. — AR5. 2 pièces.

149 Var., Taras avec le trident sur l'épaule. — 3 pièces variées.

150 Var., Taras tenant un casque, un bouclier et une lance.

151 Var. ℞. **API** et fer de lance. Taras à g. tient une branchette. *Voir planche I.*

152 Cavalier tenant un flambeau allumé et galopant à dr. ℞. Symbole : un canthare. — AR5.

153 Cavalier nu, à dr., le cheval arrêté. **ΦΙΛΗΜΕΝ ΟΣ**. ℞. Taras à g., tenant un trident et un trépied. — AR5.

154 Cavalier nu, à dr., le cheval au pas. — AR5. 2 pièces variées.

155 Cavalier nu, à g., le cheval au galop. ℞. Taras à g., tenant une ténie. — AR5.

156 Cavalier nu, galopant à dr., le bras dr. levé. ℞. Dans le champ, **ΣΥΜ** et un casque. — AR5.

157 Cavalier galopant à g. et tenant au bras g. un rhyton (?). **ΣΩΓΥ**. ℞. Taras à g. avec palme et canthare. — AR5.

158 Cavalier galopant à dr. et lançant un javelot. **ΗΙΠΠΟΔ**. — AR5.

159 Tête de femme à dr.; devant, deux dauphins. ℞. **ΤΑΡΑΣ**. Dauphin à g; dessous, coquille. — AR5.

160 Tête de femme à g. ℞. **ΤΑ**. Cavalier à g., couronnant son cheval. AR4.

161 Même avers. ℞. **ΤΑ**. Même cavalier à dr. — AR1. 4 exempl. variés.

162 Cavalier à g., couronnant son cheval. **ΣΩΓΕΝΗΣ**. — Drachme. AR4.

163 Deux autres drachmes variées.

164 Tête de femme d'ancien style. ℞. **TARAS**. Moitié antérieure d'un hippocampe, à g. — AR2.

165 Tête de Minerve à dr., le casque orné d'une Scylla. ℞. **TAPA**. Chouette à g. sur une branchette d'olivier. — Æ³.

166 ℞. Chouette à dr. **NEYMHNIOΣ**. — Æ³. 3 exempl.

167 Var. avec **ͰHPAKΛHTOΣ**. — 2 exempl.

168 Var. avec **ͰIΣTIAPXOΣ**. — 2 exempl.

169 Deux autres, légendes frustes.

170 Même tête de Minerve. ℞. **TAP**. Chouette à dr. sur une branchette d'olivier. —Æ³. 4 exempl.

171 Variante, sans la branchette. — 3 exempl.

172 Même tête à dr. ℞. **TAPANTINΩN**. Chouette éployée. — Æ³.

173 Même tête à g. ℞. Chouette éployée sur un foudre. — Æ³. 6 pièces.

174 Tête de Minerve à dr. avec une Scylla sur le casque. ℞. Hercule debout, étreignant le lion. — Æ². 8 pièces.

175 Var. avec un hippocampe sur le casque. — 9 pièces.

176 Variante, le casque uni. — 5 pièces.

177 Même tête à g., le casque orné d'une Scylla, d'un hippocampe, ou sans décor. ℞. Hercule debout, étreignant le lion. — Æ². 6 pièces variées.

178 Var. avec le casque corinthien. — 4 pièces.

179 Var. avec le buste de Minerve de face. — 3 pièces.

180 Tête de Minerve à dr. avec une Scylla sur le casque. ℞. Hercule agenouillé combattant le lion. — Æ². 17 pièces.

181 Var. avec le casque uni ou lauré. — 8 pièces.

182 Var., la tête de Minerve à g. — 3 pièces.

183 Buste de Minerve de face. ℞. Groupe de deux lutteurs (Hercule et Antée). — Æ².

184 Tête de Minerve à g. ℞. **TA**. Hercule enfant étreignant les serpents. — Æ¹.

185 Deux autres exempl.

186 Var. avec la tête au casque corinthien.

187 Tête imberbe à g. ℞. Pétoncle. — Æ[1]. 6 pièces.

188 Même tête dans un cercle en relief. — Æ$\frac{1}{2}$. 2 pièces.

189 Même tête à dr. avec ou sans cercle. — Æ[1] et Æ$\frac{1}{2}$. 5 pièces.

190 Buste de cheval bridé à dr et à g. ℞. le même (une fois couronné par une petite Victoire). Symboles etc. — Æ[1] et Æ$\frac{1}{2}$. 17 pièces.

191 Tête de femme entourée de serpents. ℞. Massue et arc en sautoir. Quatre globules. — Æ[1]. 6 pièces.

192 Même tête. ℞. Canthare. — Æ[1].

193 Canthare. ℞. Canthare. — Æ[1]. 6 pièces.

194 Canthare. ℞. Bucrâne. — Æ[1].

195 Pétoncle. ℞. Roue à quatre rais. — Æ$\frac{1}{2}$ et au-dessous. — 14 pièces.

196 Pétoncle. ℞. Taras à g. sur le dauphin. — Æ[1] et Æ$\frac{1}{2}$. 8 pièces.

197 Dauphin ; dessous, un pétoncle. ℞. Hippocampe à dr. Ancien style. — Æ[1]. 4 pièces.

198 Pétoncle. ℞. Dauphin à dr., avec symboles et lettres. — Æ[1] et Æ$\frac{1}{2}$. 19 pièces.

199 Var., le dauphin à g. — 11 pièces.

200 Deux croissants adossés, cantonnés de globules. ℞. Même type. — Æ[1]. 7 pièces.

201 Pétoncle. ℞. Deux croissants adossés. — Æ[1].

202 Foudre entre deux croissants. — Æ[1].

203 Arc. ℞. Épi dans une couronne. — Æ[1]. 2 pièces.

204 Vase à une seule anse. ℞. Couronne. — Æ[1].

205 T entouré de trois globules. ℞. Même type. — Æ[1]. 2 pièces.

206 Pétoncle. ℞. T et les trois globules. — Æ[1]. 2 pièces.

207 Tête de femme à g. et quatre globules dans un cercle en relief. ℞. Tour crénelée et surmontée de figurines; quatre globules. — Æ[1].

208 Arc, flèche et croissant. ℞. Épi et croissant. — Æ[1].

209 Dauphin à dr. et pétoncle. ℞. Cinq globules. — Æ[1].

210 Pétoncle. ℞. Dauphin à dr.; dessous, Pallas promachos debout à dr. — Æ[1].

211 Tête laurée de Jupiter. ℞. [T]APANT... Victoire debout, tenant le foudre. — B[5].

212 Pétoncle. ℞. **TAP, TAPA** ou **TAPAN**. Taras à g. sur le dauphin. B[5]. — Tête de Minerve. B[5]. — 5 pièces.

213 Buste de cheval à g. ℞. Dauphin à g. — B[2].

214 **TA**. Canthare. ℞. Canthare entre deux étoiles. — B[2].

215 **Uxentum**. Tête de Minerve. ℞. **OΞAN**. Hercule tenant une massue et une corne d'abondance. — ℞. **AO**. Hercule. — Tête janiforme. ℞. Hercule debout. — B[2-6]. 6 pièces.

215[a] **Incertaine**. Pétoncle. ℞. Lyre. — B[2].

LUCANIE

216 **Lucaniens**. Tête d'Hercule jeune, coiffée de la peau de lion; dessous, pointe de flèche. ℞. **ΛΥΚΙΑΝΩΝ**. Minerve courant à dr., armée d'un bouclier et d'une lance. Tête de loup dans le champ. — B[7].

217 Autre exemplaire.

218 Tête casquée de Mars à g. ℞ du n° précédent. Lég. fruste. — B[7].

219 Tête laurée de Jupiter. ℞. **ΛΥΚΙΑΝΩΝ**. Aigle éployée. B[5]. Patine verte. — ℞. Jupiter brandissant le foudre. B[3]. — 2 pièces.

220 **Héraclée**. Tête de Minerve; sur le casque : Scylla armée d'une rame. ℞. **ΗΡΑΚΛΕΙΩΝ**. Hercule nu, debout à dr. et étreignant le lion; derrière lui, une massue. — Æ[6]. *Voir planche I.*

221 Tête de Minerve (de beau style), le casque orné d'une Scylla.

Devant, **ⱵHPAKΛHIΩN**. ℞. Hercule debout, de face, la massue au bras dr., l'arc et la peau de lion au bras g. Une petite Victoire le couronne. — Æ5.

222 Même avers. **[HP]AKΛHI..** ℞. **APIΣ**. Même Hercule, sans la Victoire. Chouette dans le champ. — Æ5.

223 **HPAKΛEIΩN**. Tête de Minerve à g., un griffon sur le casque. ℞. Hercule de face, tenant la massue et la peau de lion. **ΦIΛO**. — Æ5.

224 Autre exempl., sans l'ethnique.

225 Tête d'Hercule jeune. ℞. Lion à dr., **HE** rétrograde en exergue. — Æ2.

226 Tête de Minerve à g., un hippocampe sur le casque. ℞. **ⱵHPAKΛHI**. Hercule debout, étreignant le lion. — Æ2.

227 Même tête à dr. ℞. Hercule debout, étreignant le lion. **HPA-KΛEIΩN** rétrograde. — Æ2.

228 Var. avec **HE**, **HPA** et l'Hercule agenouillé. — 2 pièces.

229 Deux Hercules à g., tenant chacun une massue avec la peau de lion et, à la main dr., une patère. **ⱵHPAKΛEIΩN**. ℞. Minerve à g. faisant une libation. — B5.

230 Tête de Minerve. ℞. **ⱵHPAKΛEIΩN**. Hercule debout à g., tenant une massue et une patère. — B4 et B2. — 2 pièces.

231 ℞. Trophée. B2. — ℞. Triton armé. B3. — 2 pièces.

232 Tête d'Hercule jeune. ℞. Arc et carquois. — B3.

233 Tête laurée du même, la massue sur l'épaule. ℞. Arc, carquois et *sica*. — B4.

234 **ⱵHPA**. Massue. ℞. Foudre et étoile. — B1.

235 **Laos**. Tête de femme. ℞. Corneille à dr. devant une tête de bélier. B4. — Même tête. ℞. **ΛAINΩN**. Corneille. B1. Patine verte. — 2 pièces.

236 Tête de face. ℞. Deux corneilles affrontées; dessous, **M**. — B2.

237 **Métaponte**. Épi dans une bordure perlée. **MET**. ℞. incus. — Æ8.

238 Autre avec **META**· .

239 Variante avec **ME-TA**·

240 Var., la même légende rétrograde.

241 Gros épi dans une bordure perlée. **M**· · · ℞. incus. — Æ[8].

242 Même épi. **MET** et un lézard. — Æ[5]. Flan épais.

243 **META** rétrograde. Gros épi. ℞. incus. — Æ[5]. Flan épais.

244 **META**· Épi. ℞. incus. — Æ[1].

245 ℞. Bucrâne incus et grain d'orge incus. — Æ[2] et Æ[1]. 4 pièces.

246 **META**· Épi et cigale. ℞. Apollon nu, debout à g. devant un autel et tenant un arc et un rameau de laurier. — Æ[6].

247 Autre exempl. avec **META**·

248 **META**· Épi. ℞. Dans une couronne de feuilles : Apollon nu, debout, le bras dr. sur la hanche, un arc à la main dr. — Æ[4].

249 **META**· Épi. ℞. Hercule nu, debout à g., la massue sur l'épaule dr., l'arc à la main g. — Æ[6]. Rare.

250 ℞. Cinq grains d'orge disposés en cercle. — Æ[6]. Trouée.

251 Tête laurée de Jupiter. ℞. **METAΠON**· Épi et **KAΛ**· — Æ[5].

252 Tête de Minerve. ℞. Sur la feuille de l'épi, un trophée. — Æ[5].

253 Variante; symbole, une chouette. — Æ[6].

254 Tête de Cérès, parée d'une bandelette verticale. ℞. Sur la feuille de l'épi, à g., un trépied. Æ[5]. — Var. avec une aiguière. Æ[5]. — 2 pièces.

255 Tête de femme d'ancien style. ℞. **META**· Épi et cigale. — Æ[5]. *Voir planche I.*

256 Autre exemplaire.

257 Tête de femme à g., coiffée d'une sphendoné. ℞. **METAΠO**· Épi et cigale. — Æ[5].

258 Tête de femme à g., avec chignon. ℞. **META**· Épi et soc de charrue. — Autre avec symbole fruste. — Æ[5]. 2 pièces.

259 Tête de femme à dr. ℞. **METAΠONT**· Épi. — Æ[4].

260 Tête de Bacchus jeune, couronnée de lierre; dans la tranche du cou, ΠΟΛ. ℞. ΜΕΤΑ. Épi et chouette au vol. — Æ5. *Voir planche I.*

261 Tête de Cérès à g. ℞. Symboles : Diane tenant une torche, alabastron et ΔΙ. — Æ5. 3 pièces.

262 Tête de Cérès à dr.; devant, ΠΤ (à rebours). ℞. ΜΑ et soc de charrue. — ℞. Symbole : Victoire à g. — Æ5. 2 pièces.

263 Même tête à g. ℞. Symbole : tenailles et ΑΘΑ. — ℞. Symbole : griffon. — Æ5. 2 pièces.

264 Tête de femme à dr., les cheveux frisés en bandeaux. ℞. ΜΕΤΑ rétrograde. Épi. — Æ5.

265 Tête de femme à g. ℞. [ΜΕ]ΤΑΠΟΝΤΙΝΩΝ. Épi et feuille de lierre. — Æ5. 2 exempl.

266 Tête de femme à g. ℞. ..ΤΑΠΟ. Épi et cep de vigne. — Æ5. 2 pièces.

267 Tête de femme à g., laurée. ℞. ΜΕΤ. Épi. — Æ5.

268 Tête de femme à dr. ℞. ΜΕΤΑ. Épi et monogramme (ΑΤ). — Æ5.

269 Buste de Cérès, de face, parée d'un collier à pendentifs. ℞. Épi de blé. — Æ6.

270 Tête barbue de Leucippe, le casque orné du quadrige de Victoire; derrière, protome de lion courant. ℞. ΜΕΤΑΠΟΝΤΙ... Épi et massue. — Æ6. *Voir planehe I.*

271 Même tête (casque corinthien). ℞. ΜΕΤΑ. Épi. — Æ5.

272 Deux autres exempl. variés.

273 Têtes de Minerve (3 exempl.), de Cérès et d'un dieu imberbe (à g.) à cornes de bélier. ℞. ΜΕΤΑ. Épi et symbole. — Æ2. 5 pièces.

274 Tête de Jupiter. ℞. Deux épis. B3. — Tête de Minerve. ℞. Épi. — B3.

275 Tête de Cérès à dr. ℞. Épi. — B2-4. 5 pièces.

276 Tête d'Hercule jeune. ℞. Épi. — B2-3. 4 pièces.

277 Tête de femme à dr. ℞. Épi. B¹. — Tête cornue. ℞. Épi. B¹.

278 Tête de Bacchante à g. ℞. Épi. B³. — Tête de femme à dr. ℞. Trois grains d'orge réunis par leurs tiges. B¹.

279 Minerve promachos, à g. ℞. Chouette. — B³. 2 pièces.

280 Trépied entre deux grains d'orge. ℞. Épi. — B³. Patine verte.

281 **Posidonia.** Neptune (d'ancien style) à dr., brandissant le trident. **ΓΟΜΟΗ** (*sic*); bordure perlée. ℞. incus. — Æ⁵. Brisée.

282 Mêmes types. **ΓΟΜ**; devant Neptune, un serpent. — Æ⁵.

283 Neptune à dr. brandissant le trident; devant, **ΓΟ[Σ]ΕΙΔΩΝ** et monstre marin. ℞. **ΓΟΣΕΙΔΑΝ**· Taureau à g. — Æ⁵. Très rare. *Voir planche I.*

284 Même Neptune, **ΓΟΜΕΗΔ**· ℞. **[Γ]ΟΜΕΗΔΑΝ** rétrograde. Taureau à g. — Æ⁵.

285 Autre exempl., lég. fruste.

286 Oboles aux mêmes types. Æ¹⁻². — 3 pièces.

287 ℞. Taureau à g. entre deux barres. — B⁶. 2 pièces.

288 Petits bronzes aux mêmes types. — 4 pièces.

289 **Paestum.** ℞. **ΓAIS**, corne d'abondance, protome de sanglier, loup courant à dr. — B⁶ et B³. 3 pièces.

290 Lion. ℞. **ΠAES**· Corne d'abondance. B³. — Bouclier. ℞. Foudre et corne d'abondance en sautoir. B³. — Éléphant. — Têtes des Dioscures. ℞. Épi. **Γ ASVI IIII·VIR**· B⁴. — ℞. Diane. **M·DOI**· — Temple. ℞. **CN·COR, M·TVC, PATR**· — 7 pièces.

291 **Sybaris.** Taureau à g., la tête retournée en arrière. Exergue, **VM**· ℞. incus. Æ⁸. — Très belle. *Voir planche I.*

292 Même type. — Æ⁴.

293 Même taureau. ℞. Amphore incuse. — Neptune de Posidonia et trépied de Crotone. ℞. **VM**· Taureau à dr. — Æ². 3 pièces.

294 **Thurium.** Tête de Minerve, le casque orné d'une Scylla. ℞. ΘΟΥΡΙΩ[Ν]. Taureau cornupète à dr.; en exergue, un thon. — Tétradrachme. Æ7. *Voir planche I.*

295 Didrachme aux mêmes types, avec ΘΟΥΡΙΩΝ. Feuille dans le champ. — Æ5. Le revers de très beau style. *Voir planche I.*

296 Deux autres exempl., sans symbole.

297 Tête de Minerve, le casque lauré; devant, A. ℞. ΘΟΥΡΙΩ[Ν]. Taureau marchant à g.; thon en exergue. — Æ5. *Voir planche I.*

298 Deux autres exemplaires.

299 Même tête au casque lauré. ℞. [Θ]ΟΥΡΙΩΝ. Taureau à dr.; thon en exergue. — Æ5.

300 Oboles variées. — Æ2. 3 pièces.

301 Tête de femme à g. couronnée de roseaux; derrière, ΘΟΥΡΙΑ. ℞. ΙΣΤΙ. Taureau cornupète à g. — B4.

302 Tête laurée à g. ℞. Foudre. — Tête de Minerve. ℞. Taureau à dr. — B3-4. 3 pièces.

303 **Vélia.** Tête de femme d'ancien style, les cheveux ceints d'un rang de perles. ΥΕΛΗΤΩΝ. ℞. Lion à dr.; dessus, un B retourné. — Æ4.

304 Var. avec ...ΗΤΩΝ. ℞. Chouette en exergue. — Æ5.

305 Tête de femme à dr.; devant, ΥΕΛΗ et cep de vigne. ℞. Lion; chouette en exergue. — Æ5. *Voir planche II.*

306 Tête de Minerve à g. (griffon sur le casque). ℞. Lion dévorant une proie. ΥΕΛΗΤΩΝ, ΦΙ et symboles. — Æ5.

307 Cinq autres, variées.

308 Même tête. ℞. Lion passant; dessus, une chouette au vol; dessous, T. Exergue : [Υ]ΕΛΗΤΩΝ. — Æ5. *Voir planche II.*

309 Quatre autres, symboles variés (caducée, fer de trident, dauphin, grappe de raisin).

310 Variantes, la tête de Minerve et le lion tournés à dr. — 3 pièces.

311 Tête de Minerve à g. ℞. Lion passant à g. [Υ]ΞΛΗΤΩΝ. — Æ5.

312 Var., le casque de Minerve lauré.

313 Tête de Minerve à dr. ℞. Lion déchirant un cerf. — Æ5. 2 pièces variées.

314 Tête casquée de Minerve, de face. Nom d'artiste sur le casque : **ΚΛΕΥΔΩΡΟΥ**. ℞. Lion à g., dévorant une proie. Exergue : [Υ]ΕΛΗΤΩΝ. — Æ5. *Voir planche I.*

315 Tête de femme d'ancien style, à dr. ℞. Chouette éployée ; dessous, **I**. — Æ1.

BRUTTIUM

316 **Bruttium**. Buste de Junon, voilé et diadémé, un sceptre sur l'épaule. ℞. **BRETTIΩN**. Neptune à g. — Æ4. Très belle. *Voir planche II.*

317 Buste de Victoire à dr. ℞. **BPETTIΩN**. Éphèbe nu, se couronnant. Symbole, une massue. — Æ5.

318 Tête laurée de Jupiter. ℞. **BPETTIΩN**. Guerrier nu, à dr., en posture de combat. — B5.

319 Même avers. ℞. Aigle éployée. — B6. Belle patine.

320 Tête casquée de Mars, à g. ℞. **BPETTIΩN**. Minerve armée courant à dr. — B7.

321 Même avers. ℞. Victoire couronnant un trophée. — B7. 2 exempl.

322 Tête de Triton, coiffée d'un crabe, et tête de Cérès à g. ℞. Crabe. — Tête de Victoire. ℞. Jupiter brandissant le foudre. — B3-4. 6 pièces.

323 **Caulonia**. Apollon nu, debout à dr., une branchette à la main dr. levée, le bras g. étendu et supportant une figurine ; devant lui, un cerf, **KAVΛ**. Bordure guillochée. ℞. incus. — Æ8. Vente Smith, n. 43. — Très belle. *Voir planche II.*

324 Autre exemplaire.

325 Même avers. ℞. **KAVΛ** rétrograde. Cerf debout ; à ses pieds, une branchette. — Æ5. *Voir planche II.*

326 Variante avec **KAV**. ℞. Cerf debout. — AR[5]. 2 pièces.

327 Même Apollon (avec la figurine sur le bras); derrière, un cygne; devant, un cerf. ℞. **KAVŁONIA**. Cerf courant. — AR[5].

328 Même Apollon, sans la figurine. — AR[5-6]. 3 pièces variées.

329 Trois autres exempl. variés.

330 Demi-drachmes aux mêmes types. — AR[3]. 3 pièces.

331 Oboles aux mêmes types. — AR[2]. 2 pièces.

332 **Consentia.** Tête de Mars. ℞. **ΚΩΣ**. Foudre et trois croissants. — B[4].

333 **Crotone.** **ϘᐅO**. Trépied. ℞. Incus. — AR[8]. *Voir planche II.*

334 Var., avec **ϘPO**. — AR[8]. 2 pièces.

335 **ϘꟼOTO**. Trépied. ℞. Aigle au vol, incus. — AR[6].

336 Variante, 2 pièces.

337 Crabe dans le champ du trépied. ℞. **ϘPOTO** rétrograde, trépied incus et lyre. — AR[6].

338 Cigogne près du trépied. ℞. incus. — AR[3].

339 Aigle volant à dr. ℞. **ϘPO** rétrograde. Trépied. — AR[4]. Flan épais.

340 Pégase à g. **Ϙ**. ℞. Trépied. — AR[2]. 3 pièces variées.

341 Aigle à g. sur une tête d'antilope. ℞. **ϘPO**. Trépied. — AR[6]. Surfrappée sur un didrachme de Corinthe. — Très belle. *Voir planche II.*

342 Aigle à g. sur un chapiteau. **ϘPOT**. ℞. Même lég. Trépied et grain d'orge. — AR[6].

343 Aigle éployée à dr. *Graffite antique* : **API**. ℞. **ϘPO**. Trépied et feuille d'arbre. — AR[5].

344 Tête de femme à g. ℞. **ϘPO**. Trépied et épi. — AR[5].

345 Tête (de face) de Junon Lacinia, le diadème orné d'une palmette entre deux protomes de griffon à dr. ℞. **ΚΡΟΤΩΝΙΑΤ[ΑΝ]**. Hercule jeune, assis à g. sur un rocher couvert

de la peau du lion, la main dr. avancée tenant un vase. Dans le haut, l'arc, le carquois et la massue. **E** dans le champ. — Æ[6]. *Voir planche II.*

346 Variante. ℞. Dans le champ : trépied et **MA**·

347 Autre, le diadème orné de palmettes et d'annelets. Hercule tient sa massue à la main g.

348 Tête laurée d'Apollon. [**ΚΡΟΤΩΝΙΑ**]**ΤΑΣ**. ℞. Hercule enfant étreignant les serpents. — Æ[5].

349 Même tête. ℞. **ΚΡΟ**· Trépied et branche de laurier ornée de bandelettes. — Æ[6]. Très belle. *Voir planche II.*

350 Aigle éployée à g., sur une branche de laurier. ℞. **ΚΡΟΤΩ-ΝΙΑΤΑΝ**. Trépied ; **B** dans le champ. — Æ[6].

351 Trépied entre **Κ-Ρ**. ℞. Aigle. — Tête de femme. **ΚΡΟΤΩ**. ℞. Hercule enfant étreignant les serpents. — Tête de Minerve. ℞. Hercule debout à dr. s'appuyant sur une massue. Lég. fruste. — Æ[2]. 3 pièces.

352 Tête d'Hercule. ℞. **ΚΡΟ**· Aigle dévorant un serpent. B[4]. — Tête de Cérès. ℞. **ΚΡΟ**, chaque lettre dans un croissant. B[3]. — 2 pièces.

353 **Hipponium.** Tête laurée d'Apollon. ℞. [**Ε**]**ΙΠΩΝΙΕΩ**[**Ν**] et **ΠΑΝΔΙΝΑ**. Femme drapée à g., tenant un sceptre et une branchette. — B[3].

354 **Valentia.** Tête de Junon ; derrière, **S**. ℞. Lég. fruste. Deux cornes d'abondance. — B[4].

355 **Locri.** **ΛΟΚΡΩΝ**· Tête de Minerve à g. ℞. Pégase à g.; dessous, un foudre. — Æ[6].

356 **ΛΟ**· Aigle à g. ; devant, un grain d'orge. ℞. Foudre entre deux annelets. — Æ[1].

357 Tête de déesse, à g. ℞. **ΛΟΚΡΩΝ**. Minerve debout à g. B[4]. — Tête de Minerve. ℞. Junon assise à g. B[8]. — Même tête à g. ℞. Pégase. B[5]. — ℞. Foudre. B[4]. — Tête d'Hercule à g. ℞. Pégase. B[3]. — Tête de Jupiter. ℞. Aigle. — B[5]. 7 pièces.

358 Tête de déesse à dr.; derrière, un flambeau. ℞. **ΛΟΚΡΩΝ**.

Aigle sur le foudre, à g. ; derrière, une palme parée d'une bandelette. **A** dans le champ. — B⁸. Patine verte.

359 **Mesma. ΜΕΣΜΑΙ**... Tête laurée d'Apollon, à dr. ℞. Tête de Junon, de face, couronnée d'épis ; aiguière dans le champ. — B⁵.

360 Autre exemplaire.

361 **Nuceria**. Tête laurée d'Apollon. ℞. **ΝΟΥΚΡΙΝΩΝ**. Cheval debout à g. ; dessous, pentagramme. — B⁵. Patine verte.

362 **Rhegium**. Aurige conduisant un char attelé de deux mules au pas. Épi en exergue. ℞. **RECINON** rétrograde. Lièvre courant à dr. — Æ⁷.

363 Drachme aux mêmes types.

364 Scalp de lion. ℞. **RECINOS** rétrograde. Dans une couronne de laurier, Jupiter assis à g., tenant une patère et un sceptre. Sous le siège, un oiseau. — Æ⁸. *Voir planche II.*

365 Variante. Jupiter appuie son bras g. sur la hanche.

366 Drachme aux mêmes types.

367 Scalp de lion. ℞. **ΡΗΓΙΝΟΝ**. Tête laurée d'Apollon ; derrière, deux feuilles de laurier. — Æ⁶. Belle. *Voir planche II.*

368 Autre exemplaire.

369 Scalp de lion. ℞. **ΡΗ** entre deux feuilles de laurier. — Æ¹.

370 Tête laurée d'Apollon à g. ℞. **ΡΗΓΙΝΩΝ**. — B⁵. 2 pièces dont l'une à patine verte.

371 Scalp de lion. ℞. Tête d'Apollon à g. et à dr. — B¹⁻⁴. 3 pièces.

372 Têtes géminées, imberbes et laurées. ℞. **ΡΗΓΙΝΩΝ**. Trépied. — B⁶.

373 Têtes des Dioscures. — Tête de Minerve à g. ℞. Minerve nicéphore. — Scalp de lion. ℞. **RE**. — B²⁻⁵. 4 pièces.

374 **Terina**. Tête de femme à dr. ; lég. fruste. ℞. Victoire assise à g., tenant un caducée. — Æ⁵. *Voir planche II.*

375 Variante ; Victoire assise tenant une couronne ; une aiguière est placée près de son siège. — Æ⁵.

376 Autre; les ailes de la Victoire sont éployées.

377 **TEPINA[IΩN]**. Tête de femme à dr. ℞. Victoire assise à g., tenant un sceptre surmonté d'une colombe. — Æ5.

378 Tête de femme à g. ℞. **TEPINAION**. Victoire assise à g. sur un vase renversé, sa main dr. étendue tenant une couronne. — Æ5.

379 Tête de femme entourée d'une couronne d'olivier. ℞. Victoire assise à g. avec, sur ses genoux, une amphore qui reçoit le jet d'eau d'une fontaine. — Æ5.

380 Tête de femme à dr. Lég. fruste. ℞. Victoire deb. à g., le caducée à la main, le pied dr. posé sur un rocher. — Æ5.

381 Variante.

382 **TEPINAIΩN**. Tête de femme à g. ℞. Victoire assise tenant un oiseau sur la main. — Æ3.

383 Variante, la tête de femme à dr. Légendes frustes. — Æ3. 3 pièces.

384 Var. ℞. Victoire assise tenant un caducée. — Æ3.

385 Tête de femme à dr. ℞. Victoire assise à g. tenant un caducée. — Æ2. 4 pièces.

386 Tête de femme à g. ℞. Victoire tenant une couronne ou un caducée. — ℞. Victoire debout à dr. — Æ1.2. 3 pièces.

SICILE

387 **Agrigente**. Aigle à g. sur un rocher, dévorant un serpent; dessus, **AKPA**. ℞. Crabe. **ΣIΛA**. — Or1. Très belle. *Voir planche II.*

388 Variante, avec **AKP** et **ΣIΛA**, puis **NOΣ** rétrograde. — Belle.

389 **AKPACANTOΣ**. Aigle à g. ℞. Crabe dans une aire creuse. — Æ7.

390 Mêmes types et lég. — Æ5.

391 ⊦EN. Aigle à g. sur un chapiteau. ℞. **AKPA**. Crabe. — Æ[2].

392 **ΛKRAC** et rétrograde **ANTO≷**. Aigle à g. ℞. Crabe. — Æ[7]. *Voir planche II.*

393 Deux aigles déchirant un lièvre. **AKP[A]ΓANTI**. ℞. Quadrige au galop à dr. avec son conducteur couronné par la Victoire. Crabe en exergue. — Æ[8]. Très rare. *Voir planche II.*

394 Variante (lég. plus fruste). ℞. Quadrige à g.; massue en exergue. — Æ[8].

395 Aigle éployée dévorant un lièvre. ℞. Crabe et pistrix. — Æ[4].

396 Aigle éployée sur un thon, la tête rejetée en arrière, le bec ouvert. **AKPAΓANTINON**. ℞. Crabe tenant une anguille dans sa patte g. Coquille de pourpre, poulpe et 3 globules (sur 6) dans le champ. — B[8].

397 Autre exempl., la lég. fruste, les globules au nombre de six.

398 Tête de Jupiter à g. ℞. Aigle à g. dévorant un lièvre. B[5]. — Tête d'aigle. ℞. Crabe. B[2]. — 2 pièces.

399 **Phintias**, *tyran*. Tête d'Apollon à g. ℞. **ΒΑΣΙΛΕΟΣ ΦΙΝΤΙΑ**. Sanglier. — B[5].

400 Même tête. ℞. **ΦΙ**. Aigle à dr., retournant la tête. — B[3].

401 **Alaesa** (?). Tête d'Apollon à g. ℞. Flambeau entre deux épis. — B[6].

402 **Caena** (?) Griffon à g.; dessous, une cigale (ou rien). ℞. **KAI-NON**. Cheval courant à g.; dessus, étoile (ou rien). — B[6]. 3 pièces dont l'une argentée.

403 **Camarina. KAMAPINA**... Tête cornue de jeune Fleuve à g. ℞. Vénus sur un cygne nageant à g. — Æ[5]. Très rare. *Voir planche II.*

404 Minerve à g. ℞. Victoire volant à g.; devant, un cygne. — Æ[2-3]. 4 exempl. variés.

405 Tête barbue d'Hercule. ℞. Quadrige galopant à g., le conducteur couronné par une Victoire au vol. — Æ[3].

406 **ΚΑΜΑΡΙΝΑΙΟΝ**. Même tête, à g. ℞. Quadrige à g., conduit par Minerve qu'une Victoire au vol vient couronner. Exergue : cygne volant à g. — Æ8. *Voir planche II.*

407 Masque de Méduse. ℞. Chouette. B3. — Tête de Minerve à g. ℞. Chouette tenant un lézard. B1 et B3. — 3 pièces.

408 **ΚΑΜΑΡΙΝΑΙΩΝ**. Tête de Minerve à g. ℞. Cheval courant à g. — B3-4. 4 pièces.

409 **Catane.** Tête laurée d'Apollon d'ancien style. **ΚΑΤΑΝΑΙ**.. ℞. Quadrige au pas à dr. — Æ7. Très belle. *Voir planche III.*

410 Variante. Lég. fruste. ℞. Une petite Victoire couronne les chevaux. — Æ7.

411 **ΚΑΤΑΝΑΙΩΝ**. Tête laurée d'Apollon à g.; devant, clochette suspendue à un cordon perlé; derrière, une crevette. ℞. Quadrige galopant à g., le conducteur couronné par une Victoire. Crabe en exergue. — Æ6. Coin d'Événète. *Voir planche III.*

412 **ΑΜΕΝΑΝΟΣ**. Tête cornue de jeune Fleuve, à g., entre trois dauphins. ℞. Quadrige galopant à dr., le conducteur couronné par une Victoire. — Æ4. Très rare. *Voir planche III.*

413 Tête de Silène d'ancien style, à g., couronné de lierre. ℞. Foudre ailé. Æ2. — Var. avec la tête à dr. ℞. **ΚΑΤΑΝΕ**. — 2 pièces.

414 Fleuve couché à g. ℞. **ΚΑΤΑΝΑΙΩΝ**. Chouette sur un monogramme entre les bonnets des Dioscures. B4. — Variante sans la chouette. — 2 pièces.

415 Tête de Bacchus; derrière, **ΛΑΣΙΟ**. ℞. Les frères de Catane emportant leurs parents. — B5. 2 pièces.

416 L'un des frères de Catane, emportant son père. ℞. L'autre frère emportant sa mère. — B3.

417 Tête d'Ammon. **ΚΑΤΑΝΑΙΩΝ**. ℞. Déesse debout à g., tenant une balance et une corne d'abondance. — B6.

418 Double tête de Serapis. ℞. Proserpine à g., tenant un long flambeau et deux épis. — B6.

419 Tête radiée de Serapis. ℞. Isis debout tenant un sceptre. — B⁸.

420 Têtes géminées de Serapis et Isis. ℞. Apollon debout. — B⁴.

421 **AMENANOΣ.** Tête cornue de jeune Fleuve à g. ℞. Foudre ailé. — B². 2 pièces.

422 **Catane et Leontini.** Tête laurée de l'Apollon de Leontini, à g. Lég. effacée. ℞. **KATANAIΩN.** Taureau allant à dr. — Æ³. Très rare. *Voir planche III.*

423 **Centuripae.** Tête laurée de Jupiter. ℞. **KENTOPIΠINΩN.** Foudre. — B⁷.

424 Buste de Cérès. ℞. Oiseau perché sur un soc de charrue. — B³.

425 **Enna.** Cérès tenant un flambeau et conduisant un quadrige à dr. ℞. **HENNAION.** Femme sacrifiant. — Æ³. Trouée, mais très rare.

426 Tête de femme; devant, **MVN.HENNA.** ℞. Mercure à g. Noms des duovirs M. Cestius et L. Munatius. — B⁵.

427 Tête voilée de Cérès à g.; noms des mêmes magistrats. ℞. **MVN...** Pluton enlevant Proserpine dans un quadrige. B⁷. — ℞. Soc de charrue attelé de deux serpents. B⁴. — 2 pièces.

428 **Entella. ENTEΛΛ...** Tête imberbe casquée, à dr. ℞. Cheval courant. — B⁴.

429 **Eryx.** Vénus assise à g., une colombe sur la main. ℞. Chien debout. — Æ².

430 Prêtresse debout à g., sacrifiant sur un autel. ℞. Chien debout. — Æ².

431 Tête diadémée de Vénus à dr. ℞. **EPYKEINON.** Hercule debout à g., armé de sa massue. — B⁶. 2 pièces.

432 **Galaria. ΣOTER** rétrograde. Jupiter assis à g. sur un trône, à la main dr. un sceptre surmonté d'un aigle. ℞. **CAΛA.** Bacchus jeune, debout, tenant un canthare et un cep de vigne. — Æ². Rare.

433 **Gela**. Protome de taureau androcéphale, nageant (ancien style); devant, une grue. ℞. Quadrige au pas. — Æ7.

434 Même avers; sous le taureau, un poisson; derrière, un grain d'orge. ℞. Quadrige au pas, le conducteur barbu; au-dessus, une couronne. — Æ7.

435 Même avers, **CEΛ** rétrograde. ℞. Quadrige au pas, le conducteur couronné par une petite Victoire au vol. — Æ7.

436 Même avers, le taureau couronné par une petite Victoire planant dans l'air. **CEΛΑ≶** rétrograde. ℞. Quadrige au pas, à g., devant une colonnette; en exergue, pistrix à g. — Æ7. Rare.

437 **CEΛΑ·** Protome de taureau androcéphale nageant à dr. ℞. Cheval. Æ2 (2 p.). — Var. avec **CEΛΑ≶** rétrograde.

438 Taureau à g.; dessus, **ΙΓΕΙΛΑ≶·** ℞. Roue cantonnée de quatre grains d'orge. — B4.

439 Tête de Fleuve; derrière, un grain d'orge. ℞. **ΓΕΛΑ≶·** Taureau à dr.; trois globules en exergue. — B4.

440 Guerrier casqué, à dr., frappant de son épée un bélier. ℞. Cheval courant; étoile dans le champ. — B6.

441 **Herbessus**. Tête de femme dans un cercle; autour : **ΕΛΕΥ-ΘΕΡ**... ℞. Tête et encolure d'un taureau androcéphale. — B8.

442 **Himera. HIME·** Coq à dr. ℞. Carré creux à quatre ailes de moulin. — Æ5.

443 Coq à g.; traces de légende. ℞. Crabe dans une aire creuse. — Æ4.

444 Mêmes types; devant le coq, **HIMERA·** — Æ5.

445 Coq à g. ℞. Carré creux à quatre ailes de moulin. —•Coq à dr. ℞. Tête de femme à dr. — Æ1-2. 2 pièces.

446 Tête barbue à dr., coiffée d'une ténie. ℞. **H...P** rétrograde. Tête casquée. — Æ1. Rare.

447 ...**ERAION·** Nymphe debout à g. faisant une libation sur un autel; derrière elle, Silène recevant le jet d'une fontaine,

dont la bouche est ornée d'un masque de lion. ℞. Quadrige au pas, à g., le conducteur couronné par une Victoire. — Æ^{6}. — Vente anonyme (Londres, 2 mai 1905), n. 50. — Très belle et très rare. *Voyez planche III.*

448 Mercure sur un bouc à g.; il tient le caducée et sonne du buccin. ℞. Victoire d'ancien style, volant à g. — Æ^{3}.

449 Monstre à g., à tête de Pan. ℞. **IMEPAIO** (les quatre premières lettres rétrogrades). Éphèbe sur une chèvre. — Æ^{2}. 2 pièces variées.

449^{a} Mercure monté sur un bouc. ℞. Victoire à g. et six globules. — B^{5}.

450 **Hipana** (?). Aigle à g. sur un chapiteau; lég. effacée. ℞. Dauphin à g. et pétoncle. — Æ^{2}. Rare.

451 **Leontini.** Tête de lion, la gueule ouverte, entre quatre grains d'orge. **ΛEONTINON** rétrograde. ℞. Quadrige au galop, les chevaux couronnés par une Victoire au vol. — Æ^{6}.

452 Même avers; lég. de g. à dr. ℞. Quadrige au pas, les chevaux couronnés par une Victoire. — Æ^{6}.

453 **ΛEONTI[N]ON·** Même tête de lion entre les quatre grains d'orge. ℞. Cavalier au pas. — Æ^{6}.

454 Tête laurée d'Apollon d'ancien style; derrière, une pousse de laurier. ℞. **LEONTINO·** Tête de lion entre trois grains d'orge et un thon. — Æ^{7}.

455 Variante. Branche de lierre derrière la tête.

456 Tête d'Apollon à g. ℞. des deux pièces précédentes. — Æ^{4}. 2 pièces.

457 **ΛEON** rétrograde. Tête de lion à la gueule ouverte. ℞. Éphèbe sacrifiant. Æ^{2}. — Scalp de lion. ℞. **ΛEON·** Grain d'orge. Æ^{1}.

458 Tête voilée de Cérès, à g. ℞. Boisseau de blé. B^{3}. — Tête imberbe à g. ℞. Deux thons. B^{2}.

459 **Menaenum.** Tête voilée de Cérès. ℞. Deux flambeaux en sautoir. — B^{4}.

460 **Zanclé**. Dauphin à g. dans un port circulaire. DANKLE. ℞. Carré creux divisé en neuf panneaux ; au centre, un pétoncle. — Æ[6]. Très belle.

461 Autre exemplaire, très beau.

462 Var. avec DANK.

463 Autre exemplaire.

464 Obole; mêmes types. DANKLE. — Æ[1]. Très rare.

465 **Messana**. Bige attelé de deux mules au pas, l'aurige assis, les mules couronnées par une Victoire au vol. Feuille en exergue. ℞. ΜΕϟϟΑΝΙΟΝ (la dernière lettre rétrograde). Lièvre courant. — Æ[8]. Très belle. *Voir planche III.*

466 Variante; le conducteur debout. ℞. Mouche sous le lièvre. — Belle. *Voir planche III.*

467 Var.; le conducteur assis. ℞. Pousse d'olivier sous le lièvre.

468 Var. ΜΕϨϨΑΝΙΟΝ, et un D dans le champ. — Æ[8].

469 Var. ΜΕΣΣΕΝΙΟΝ, et un E dans le champ.

470 Var. Conducteur assis; pas de Victoire. ℞. ΜΕϟϟΑΝΙΟ en ligne droite sous le lièvre. ΛΟ dans le champ.

471 Quadrige galopant à g., le conducteur couronné par une Victoire. ℞. Tête de femme diadémée, pétoncle et thon dans le champ. Pas de légende. — Æ[8].

472 Tête d'Hercule jeune. ΜΕΣΣΑΝΙΩΝ. ℞. Lion et massue. — B[5].

473 ΠΕΛΩΡΙΑΣ. Tête de femme à g., diadémée et parée de bijoux; derrière, un dauphin. ℞. ΜΕΣΣΑΝΙΩΝ. Trident entre deux dauphins; dans le champ, ΙΝ. — B[4]. Patine verte.

474 Variante. ℞. Guerrier à g., en posture de combat. — B[5].

475 **Mamertins**. Tête de Jupiter. ℞. Guerrier courant à dr., la lance en arrêt. — Tête d'Apollon. ℞. Guerrier debout, avec lance et parazonium. — ℞. Éphèbe assis à g. sur un rocher. — B[7]. 3 pièces.

476 ΑΡΕΟΣ. Tête laurée imberbe. ℞. Aigle sur le foudre. — B[7].

477 Même avers. ℞. **MAMEPTINΩN**. Taureau cornupète à g. — B[5]. Patine verte.

478 Tête de Jupiter. ℞. Mercure et son bélier. — B[4]. Patine verte.

479 **Morgantia.** Buste de Minerve, de face. **MOPΓANTINΩN**. ℞. Victoire assise à g., tenant une couronne. — Æ[1].

480 Tête de Minerve à dr.; lég. effacée. ℞. Lion dévorant une proie. — B[6].

481 Tête de femme. ℞. **MOP[Γ]ANTIN**. ℞. Aigle à g., dévorant un serpent. — B[4].

482 **Naxos.** Tête de Bacchus d'ancien style, à g. ℞. **NAXION** rétrograde. Grappe de raisin. — Æ[6]. *Voir planche III.*

483 Obole aux mêmes types. — Æ[2].

484 Grande tête de Bacchus barbu, de beau style archaïque, avec diadème brodé d'une couronne de lierre. ℞. **NAΞION**. Silène accroupi de face, tenant un canthare et un thyrse; derrière lui, une branche de lierre. — Æ[8]. Très belle. *Voir planche III.*

485 **NAΞIΩN**. Tête imberbe à g., couronnée de pampres. ℞. Même Silène accroupi. Æ[3]. 2 pièces. — ℞. Grappe de raisin. Æ[2].

486 Tête de Bacchus barbu. ℞. Grappe de raisin. — Æ[2]. 3 pièces.

487 **Panorme** (*frappe carthaginoise*). Buste de femme à g., coiffée d'épis et parée d'un collier. ℞. Cheval à dr. — Electrum[5]. Très belle.

488 Buste de Cérès à g., coiffée d'épis. ℞. Cheval près d'un palmier. — Æ[7].

489 Var. sans le palmier. Æ[6]. — ℞. Étoile dans le champ. Æ[4].

490 Tête de Cérès à dr., coiffée d'épis. ℞. Cheval à g. près d'un palmier; devant, un caducée. — Æ[6]. *Voir planche III.*

491 Même tête, le cou pris dans un collier. ℞. Cheval à dr. près d'un palmier; devant, un caducée. — Æ[6].

492 Tête de Cérès à g. ℞. Cheval à g. près d'un palmier, la jambe dr. de devant un peu inclinée. — Æ[8].

493 Même avers. ℞. Victoire au vol (à g.), couronnant un cheval debout près d'un palmier. Chiffre punique dans le champ. — Æ^{6}.

494 Tête de Cérès à dr.; devant, un thymiaterion. ℞. du n° précédent. — Æ^{6}.

495 Tête de femme à dr., entourée de deux dauphins. ℞. Quadrige galopant à g., le conducteur couronné par une Victoire au vol. — Æ^{8}.

496 Tête de femme à g., entourée de trois dauphins. ℞. du n° précédent. — Æ^{7}.

497 Tête d'Hercule jeune. ℞. Buste de cheval à g. et palmier. — Æ^{6}. Très belle. *Voir planche III.*

498 Tête de Cérès à g. entre trois dauphins. ℞. du n° précédent. — Æ^{6}. Très belle. *Voir planche III.*

499 Tête imberbe à g. ℞. Taureau androcéphale à g.; dessus, lég. punique. — Æ^{1}.

500 ℞. Protome de taureau androcéphale nageant; lég. punique *ziz*. — Tête imberbe à dr., entre trois dauphins. ℞. Figure assise et dauphin. — Dattier en fruit. ℞. Buste de cheval à dr. — Æ^{1}. 3 pièces.

500ᵃ Tête de Cérès à g. ℞. Trois épis sur une tige. B^{5}. — Tête imberbe à g. ℞. Pégase. B^{2}.

501 **Ségeste.** Tête de femme d'ancien style. ℞. ΣΑΓΕΣΤΑΙΙΒ. Chien à dr. — Æ^{5}.

502 Même tête, le chignon relevé, puis replié. ℞. Chien à dr.; dessous, B. — Æ^{5}.

503 Tête de femme à g. (ancien style). ΣΕ... ℞. Chien debout à g.; dessus, coquille de pourpre. — Æ^{5}.

504 Tête de femme d'ancien style, à dr.; dessus, lég. confuse. ℞. Chien debout. — Æ^{5}. Fourrée.

505 Tête de femme à dr., de style sévère. ℞. Chien à dr. près d'un bouquet d'épis de blé. — Æ^{5}.

506 Tête analogue, parée de deux rangs de perles. ℞. Chien debout à g. — Æ^{5}.

507 Tête de femme à dr., les cheveux dans une sphendoné. ℞. Jeune chasseur, debout à dr., armé de deux javelots, le chapeau suspendu à la nuque ; près de lui, deux chiens. Lég. ...ΣΤΑΙΩΝ. — Æ8. Très rare. *Voir planche III.*

508 Entre deux branchettes, tête de femme de face. ℞. ΕΓΕΣ rétrograde. Chien àg. ; masque de Méduse et dauphin ou coquille de pourpre. — Æ2. 2 pièces.

509 Tête de femme d'ancien style. ℞. Chien debout et roue. — Æ2. Cassée.

510 Tête de femme. ℞. Chien à g. entre deux globules. — ℞. Chien à dr. — B5. 2 pièces.

511 Tête barbue; devant, ΙΒΑ. ℞. Chien debout à dr. et deux globules. — B4.

512 Même avers, ΙΒΑΚ. ℞. Chien à dr. et trois globules. — B7.

513 Tête tourelée de femme. ℞. ΕΓΕΣΤΑΙΩΝ. Énée portant son père Anchise. — B4.

514 **Sélinonte.** Feuille d'ache. ℞. Carré creux. Æ5. — Très belle.

515 Feuille d'ache. ℞. Feuille d'ache dans un carré creux. Æ5. —Obole aux mêmes types. Æ2.

516 ΣΕΛΙΝΟΣ. Selinus nu, debout à g., un rameau au bras g., une patère à la dr., sacrifie sur un autel, devant lequel on voit un coq à g. Derrière, une feuille d'ache et une statue de taureau à g. sur une base. ℞. ΣΕΛΙΝΟ... rétrograde. Quadrige au pas à g., conduit par Diane qui tient les guides ; près d'elle, Apollon tirant de l'arc. — Æ8. Très belle, de conservation peu commune. *Voir planche III.*

517 Autre exemplaire. ℞. ΣΕΛΙΝΟΝΤΙΟΣ rétrograde. — Æ8.

518 Variante, le coq tourné à dr.; sur la base du taureau, un **A** gravé au burin. Pas de légendes. — Æ7.

519 Hercule nu, saisissant de sa main g. un taureau par la corne, et, de la dr., brandissant une massue. ℞. ΣΕΛΙΝΟΝΤΙΟΝ. Le Fleuve Hypsas, debout à g., sacrifiant sur un autel, autour duquel s'enroule un serpent. — Æ6.

520 ϟΕΛΙΝΟΝ. Taureau androcéphale courant à dr. ℞. Femme assise à g., tenant un serpent. — Æ².

521 **Solus.** Tête barbue. ℞. Squille entre six globules. — B⁵.

522 **Syracuse.** ΕΛΕΥ. Tête laurée de Jupiter à g. ℞. ΣΥΡΑ[Κ]Ο-ΣΙΩΝ. Pégase à g.; trois globules dans le champ. — Or¹. Belle. *Voir planche III.*

523 ϟVRAϘO-ϟIO[N]. Quadrige au pas à dr., avec son conducteur. ℞. Carré creux; au centre, dans une aire circulaire, tête de femme à g. (ancien style). — Æ⁷. Bel exemplaire, mais avec un éclat du métal dans le champ de l'avers.

524 Petite tête de femme (ancien style), le chignon bursiforme; quatre dauphins autour. ϟVRAKOϟION. ℞. Quadrige au pas, les chevaux couronnés par une Victoire. — Æ⁴. Finesse de travail et conservation exceptionnelles. *Voir planche III.*

525 Autre exempl., tête un peu variée. — Æ⁶.

526 Deux autres variantes, dont l'une très belle.

527 Même tête, entre trois dauphins. ℞. Cavalier barbu, au trot. — Æ⁶.

528 Même tête et même lég. ℞. Cavalier. — Æ³. 2 pièces.

529 Même tête. ℞. Roue à quatre rais. — Tête indistincte. ℞. Triquètre. — Æ¹. 2 pièces.

530 ϟVRAKOϟION. Tête de femme à long chignon, avec un rang de perles dans les cheveux et un autre au cou. Quatre dauphins autour. ℞. Quadrige au pas, les chevaux couronnés par une Victoire. Serpent en exergue. — Æ7. — Vente Smith, n. 100. — Très belle, bien complète. *Voir planche IV.*

531 Autre exemplaire.

532 Tête de femme, les cheveux en bandeaux; derrière, un dauphin; ...ΚΟϟΙΟΝ. ℞. Même quadrige. — Æ⁷. Très beau style. *Voir planche IV.*

533 Tête de femme, le chignon enlacé d'une bandelette qui fait quatre tours. ℞. Même quadrige. — Æ⁷.

534 ϟΥΡΑΚΟϟΙΩΝ. Tête de femme à g., de beau style, le chignon

soutenu par une sphendoné. Quatre dauphins autour. ℞. Quadrige au galop, le conducteur couronné par une Victoire, qui porte un cartouche aux lettres **EYAIN** (*signature du graveur Evénète*); deux dauphins en exergue. — Æ6. Très belle. *Voir planche IV.*

535 **ΣYPAKOΣION**. Tête de femme à g., les cheveux ondulés; quatre dauphins autour. ℞. Quadrige au galop à g., le conducteur couronné par une petite Victoire. — Æ7. Belle. *Voir planche IV.*

536 Var. avec **ΣVPAKO**...; épis dans les cheveux. **EYM**.. ℞. Victoire conduisant un quadrige au galop à dr.; dans le haut, une petite Victoire au vol, qui vient la couronner. Triton en exergue. — Æ7. Belle. *Voir planche IV.*

537 Var. Tête à g. (beau style), les cheveux ébouriffés. ℞. Quadrige au galop, à g., le conducteur couronné par une Victoire. Dauphin en exergue. — Æ7. *Voir planche IV.*

538 Tête de Cérès à g. (très beau style), entourée de trois dauphins. ℞. Quadrige galopant à g. Dans le haut, une triquètre. Exergue : **ΣYPAKOΣIΩN** et un monogramme. — Æ8. Très belle. *Voir planche IV.*

539 Variante; **ΦI** sous la tête. — Æ6. Très belle.

540 **ΣYPAKOΣIΩN**. Tête de Minerve. ℞. Pégase à g. — Æ5. Très belle.

541 Variante. Trophée derrière la tête. ℞. Triquètre dans le champ.

542 Tête de Minerve à g. ℞. **ΣYPAKOΣIΩ**[N]. Foudre ailé. — Æ6. Très belle. *Voir planche IV.*

543 Tête laurée d'Apollon à g. ℞. Déesse debout à g., le voile en forme de nimbe. — Æ2. Rare.

544 Tête de Minerve de face. ℞. Cavalier. — ℞. Quadrige à g. — Tête janiforme. ℞. Cheval à g. — Tête de femme à g. ℞. Protome de Pégase à g. — Æ2. 4 pièces.

545 Tête de Cérès, à g., coiffée d'épis; trois dauphins autour. ℞. Quadrige galopant à g., le conducteur couronné par une

Victoire au vol. En exergue, pièces d'armure. — B^{10}. Décadrachme défourré.

546 ℞. Poulpe. — ℞. Dauphin et pétoncle. — ℞. Roue cantonnée de deux dauphins. — ℞. Étoile au centre d'un carré creux. — B^{3-4}. 8 pièces.

547 Tête barbue de Jupiter à g. ℞. Poulpe. — ℞. Protome de Pégase. — ℞. Flambeau. — ℞. Bonnet de prêtre. — B^{2-3}. 4 pièces.

548 **ΙΕΥΣ ΕΛ** ..... Tête laurée de Jupiter à dr. ℞. **ΣΥΡΑ[ΚΟ]-ΣΙΩΝ**. Foudre accosté d'un petit aigle. — B^{6}. Belle patine.

549 Autre exempl., avec **ΙΕΥΣ ΕΛ[ΕΥ]ΘΕΡΙΟΣ**.

550 Même tête, à g. ℞. Cheval courant à g. — B^{7}.

551 **ΔΙΟΣ ΕΛΛΑΝΙΟΥ**. Tête imberbe laurée (de Jupiter) à g. ℞. Lég. fruste. Aigle éployée à g. sur le foudre. — B^{6}. Très belle. Patine verte.

552 Autre exempl. ℞. **[ΣΥ]ΡΑΚ[Ο]ΣΙΩΝ**.

553 Tête casquée de Mars, à g. ℞. Pégase à g. et dauphin. — B^{7}.

554 **[ΣΥΡΑΚΟ]ΣΙΩΝ**. Tête laurée d'Apollon à g. ℞. Pégase volant à g.; dessous, un **Δ**. — B^{4}. Très belle. Patine vert pâle.

555 Tête de Cérès à g. ℞. Pégase à g. — B^{4}. 2 exempl. Patine verte.

556 Tête laurée d'Apollon à g. ℞. Triquètre à jambes ailées. — B^{5}. Belle.

557 Tête de Cérès à g., coiffée d'épis de blé (très beau style); derrière, une corne d'abondance. ℞. Taureau cornupète à g. Au-dessus et en exergue, un dauphin à g. — B^{5}. Patine verte. Belle.

558 **ΣΥΡΑΚΟΣΙΩΝ**. Même tête. ℞. Taureau cornupète à g. entre deux dauphins. — B^{5}. Belle.

559 ℞. Taureau à g. ou à dr. — ℞. Foudre (**ΔΙΟΣ ΕΛΕΥΘΕ-ΡΙΟΥ**). — Tête de femme, de face. ℞. Poulpe, etc. — B^{2-4}. 8 pièces.

560 ℞. Bige à dr. — B^{4-6}. 4 pièces.

561 ℞. Minerve en posture de combat. — ℞. Lion à dr. — ℞. Victoire immolant un taureau. — ℞. Cavalier. —℞. Cheval libre. — B4-5. 6 pièces.

562 **Tauromenium**. Tête laurée d'Apollon; derrière, rosace. ℞. ΤΑΥΡΟΜΕΝΙΤΑΝ· Trépied. — Æ4. Belle. *Voir planche IV.*

563 ΑΡΧΑΓΕΤΑΣ· Tête d'Apollon à g. ℞. Taureau cornupète à g. B4. 2 pièces. — Tête d'Apollon à dr. ℞. le même. B3. — 3 pièces.

564 ΑΡΧΑΓΕΤΑΣ· Tête d'Apollon à g. ℞. Lyre. — B6. Patine verte.

565 ℞. Trépied. B6. — ℞. ΑΠΟΛΛΩΝΟΣ· Trépied. B5. — Tête à g., coiffée d'un polos. ℞. Taureau androcéphale à g.; dessus, masque radié d'Hélios. B6. — 3 pièces.

566 **Agathocle**. Tête de Proserpine, coiffée d'épis; derrière, ΚΟΡΑΣ· ℞. ΑΓΑΘΟΚΛΕΙΟΣ· Victoire érigeant un trophée; triquètre dans le champ. — Æ7. Belle et bien complète. *Voir planche IV.*

567 Autre exempl.; la lég. du revers manque.

568 ΣΩΤΕΙΡΑ· Buste de Diane. ℞. ΑΓΑΘΟΚΛΕΟΣ ΒΑΣΙΛΕΟΣ· Foudre. — B5. 2 pièces.

569 **Hiéron II**. Tête diadémée du roi, à g.; derrière, un foudre. ℞. Cavalier galopant à dr.; ΑΡ (liés) dans le champ; en exergue, ΙΕΡΩΝΟΣ· — B7. Très belle. Patine verte.

570 Tête de Neptune. ℞. Fer de trident. — B4-5. 5 pièces.

571 **Gelon**. Tête diadémée à g. ℞. ΣΥΡΑΚΟΣΙΟΙ· Victoire dans un bige. Dans le champ, ΒΑ et Κ· Exergue : ΓΕΛΩΝΟΣ· — Æ5. Très belle. *Voir planche IV.*

572 Même tête. ℞. Mêmes légendes. Aigle à dr. sur le foudre. — Æ4.

573 **Hieronymus**. Tête diadémée à g. ℞. ΒΑΣΙΛΕΟΣ ΙΕΡΩΝΥΜΟΥ· Foudre ailé. — Æ6. Très belle.

573ª **Incertaines de Sicile**. Tête de Cérès à g., entourée de dauphins. ℞. Taureau androcéphale à dr. B6. Flan épais. —

Protome de taureau androcéphale nageant à g. ℞. Victoire volant à g. B[6]. — 2 pièces.

SUPPLÉMENT

574 **Iles Baléares.** Cabire, de face; dans le champ, caducée et lettre punique. ℞. le même. — B[3]. Patine verte.

574[a] **Tectosages.** Tête imberbe couronnée à g. ℞. Croix cantonnée de quatre lettres. Æ[1]. — **Togirix.** Cheval à g. Æ[2].

575 **Demetrius Poliorcète.** Tête diadémée, à dr. ℞. **ΒΑΣΙΛΕΩΣ ΔΗΜΗΤΡΙΟΥ**· Neptune debout à g. — Æ[8]. *Voir planche IV.*

576 **Larissa.** Tête de nymphe, de face. ℞. **ΛΑΡΙΣ**· Cheval paissant. — Æ[4]. Très belle.

577 **Pyrrhus** (*roi d'Épire*). Tête de Minerve à g. ℞. Dans une couronne de chêne : **ΒΑΣΙΛΕΩΣ ΠΥΡΡΟΥ**·Épi. — B[4].

578 **Phthia** (*mère de Pyrrhus*). **ΦΘΙΑΣ**· Tête voilée de femme, à g. ℞. Lég. du n° précédent. Foudre. — B[6].

579 **Locriens.** Tête de Cérès à g. ℞. **ΟΠΟΝΤΙΩΝ**· Ajax à dr., en posture de combat; casque dans le champ. — Æ[5].

580 **Rhodes.** Masque du Soleil. ℞. **ΡΟΔΙΟΝ**· Rose. — Æ[6]. Trouée.

581 **Cléopâtre et Antiochus VIII.** Bustes géminés, celui de la reine voilé et diadémé. ℞. **ΒΑΣΙΛΙΣΣΗΣ ΚΛΕΟΠΑΤΡΑΣ ΚΑΙ ΒΑΣΙΛΕΩΣ ΑΝΤΙΟΧΟΥ**· Jupiter nicéphore assis à g. Exergue, **ΘΠΡ**· — Æ[8]. *Voir planche IV.*

582 **Antiochus VIII.** Tête diadémée à dr. ℞. **ΒΑΣΙΛΕΩΣ ΑΝΤΙΟΧΟΥ ΕΠΙΦΑΝΟΥΣ**· Jupiter debout à g., tenant une étoile. Exergue : **Δ٦Ρ**· — Æ[8].

583 **Arsinoé** (*femme de Ptolémée II Philadelphe*). Tête voilée et diadémée; derrière, **ΜΜ**· ℞. **ΑΡΣΙΝΟΗΣ ΦΙΛΑΔΕΛΦΟΥ.** Double corne d'abondance, parée d'une bandelette. — Æ[10]. Très belle pièce et bien complète. *Voir planche IV.*

MACON, PROTAT FRÈRES, IMPRIMEURS.

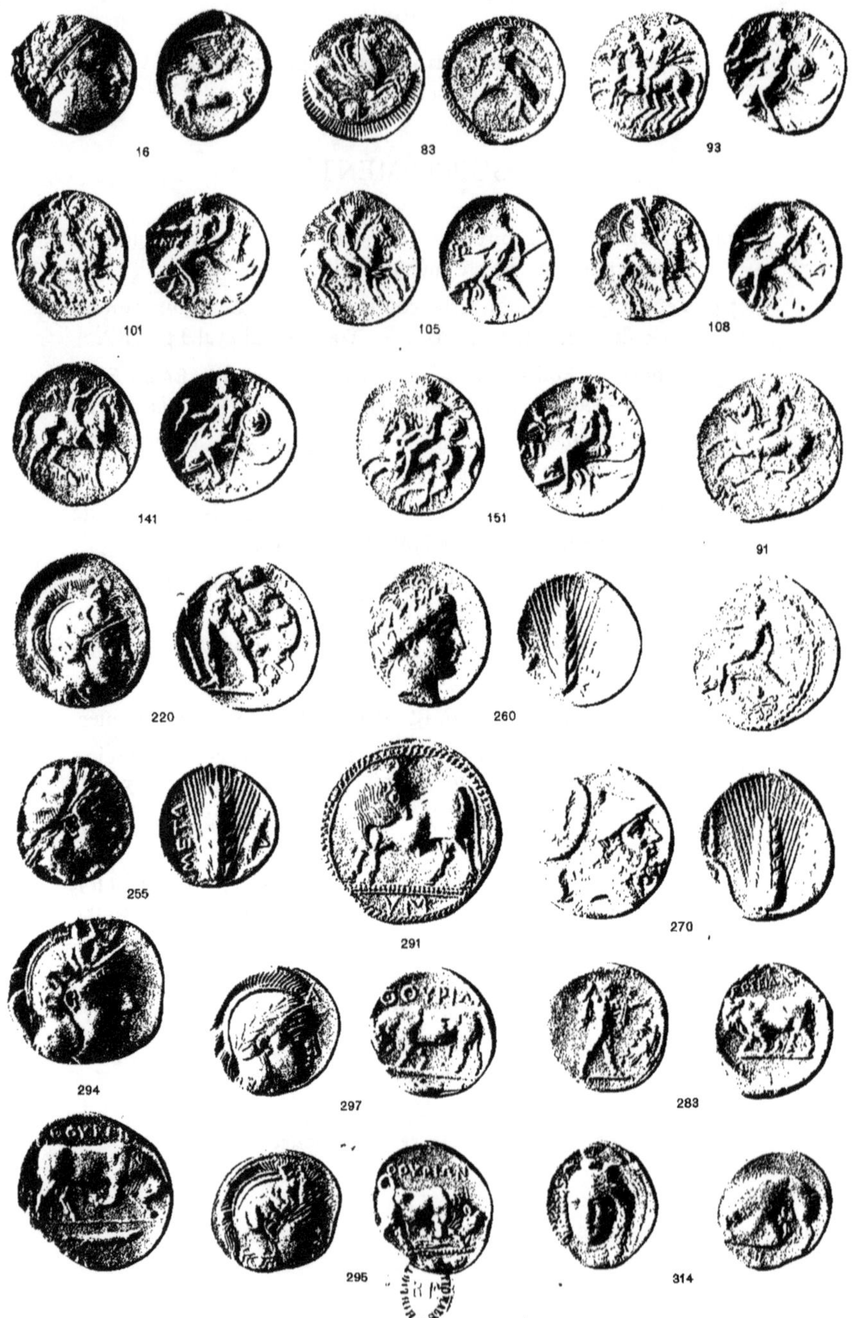
16
83
93
101
105
108
141
151
91
220
260
META
255
291
270
ΘΟΥΡΙΑ
294
297
283
295
314

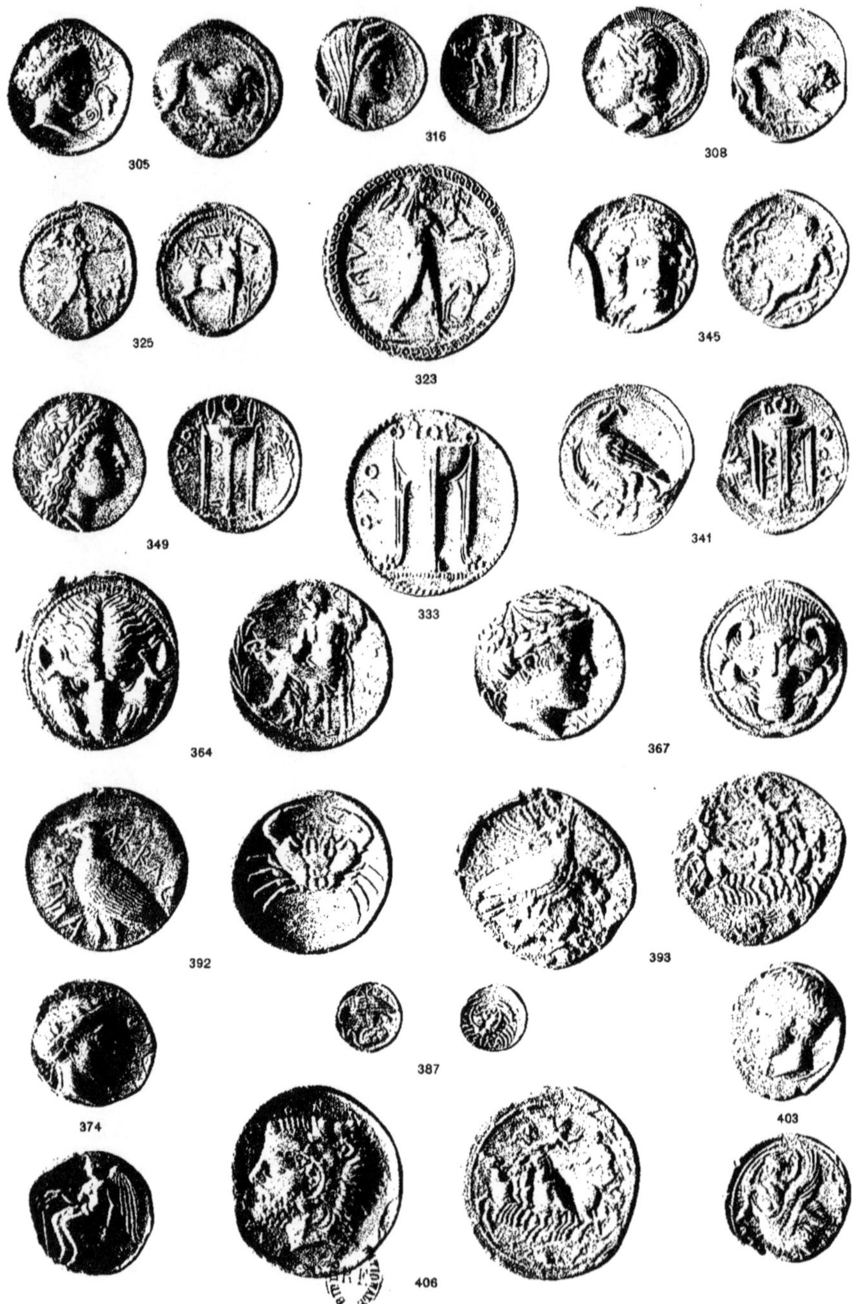

305 316 308

325 323 345

349 333 341

364 367

392 393

374 387 403

406

409 412 411

465 466

482

516 497 490

530
532
534
571
535
536
537
538
562
556
583
542
583
575
581

MAÇON, PROTAT FRÈRES, IMPRIMEURS

www.ingramcontent.com/pod-product-compliance
Ingram Content Group UK Ltd.
Pitfield, Milton Keynes, MK11 3LW, UK
UKHW021943260726
13994UKWH00004B/1501